Los
RUBAIYAT
de OMAR JAYAM

SEGUNDO LIBRO DE LA COLECCIÓN:
LA VERDAD SOBRE LOS RUBAIYAT.
Introducción, investigación y versión al español por Mar Escribano; traducción al español de la primera versión al inglés de Edward Fitzgerald

∞ Editorial Anticuario ∞

Los Rubaiyat de Omar Jayam y su traducción de Fitzgerald están libres de las restricciones conocidas en virtud del derecho de autor y en conformidad con lo dispuesto en los artículos de la Ley de Propiedad intelectual española, ya que son bienes culturales, aprobados el 12 de abril de 1996. No obstante, este segundo libro de nuestra colección LA VERDAD SOBRE LOS RUBAIYAT es una obra derivada (artículo 11) ya que es una creación literaria nueva con traducción, versión, adaptaciones, notas e investigaciones de la traductora y escritora Mar Escribano; por lo cual esta obra posee sus derechos de autor y están reservados. El contenido de esta obra está protegido por la ley, que establece penas para quienes reprodujeren, plagiaren, distribuyesen todo o parte de esta obra, sin la preceptiva autorización de Mar Escribano y Editorial Anticuario.
© 2017 Mar Escribano
©Editorial Anticuario
ISBN-13: 978-1547094875
ISBN-10: 1547094877
Diseño de cubierta: Darius M.G
Todas las imágenes utilizadas son libres de copyright.

Introducción y versión de Mar Escribano

En este segundo libro de la Colección: La Verdad Sobre los Rubaiyat, nos concentraremos únicamente en la traducción al español de los Rubaiyat según la versión de Fitzgerald. Como explicamos en el primer libro de esta colección, Fitzgerald no hizo una traducción directa del farsi al inglés; de hecho no era lingüista, ni traductor, ni incluso conocía el idioma Farsi. Fue su amigo Edward Byles Cowell (que sí era un brillante lingüista, traductor y orientalista) quien habiendo descubierto un manuscrito de Omar Jayam en la Biblioteca de la Sociedad Asiática en Calcuta*, se lo envío a Fitzgerald a Londres en 1857 y gracias a la ayuda de Cowell, Fitzgerald publicó entonces Los Rubaiyat de Omar Jayam en su versión inglesa por primera vez en 1859.

*La Sociedad Asiática de Calcuta es una organización para la promoción de estudios orientales que fue fundada por Sir William Jones el 15 de enero de 1784 en Calcuta, entonces capital del Raj Británico.

Es cierto que la 'traducción' de los cuartetos de Omar Jayam por Fitzgerald no es una traducción fiel al original. Su traducción es bastante LIBRE. Muchos de sus versos son paráfrasis o traslaciones de las palabras o ideas del mismo Fitzgerald sobre lo escrito originalmente por Jayam pero, ciertamente, logró dar una mejor comprensión al contenido y mensaje del poeta persa y así ser verdaderamente captado por los lectores occidentales. La mayoría de los iraníes afirman abiertamente que Fitzgerald fue capaz de transmitir el mensaje real de Omar Jayam al inglés. Otros de los versos de Fitzgerald ni pueden ser encontrados en los originales de Omar Jayam, o sea que fueron agregaciones extras poéticas por el mismo Fitzgerald. Algunos críticos, debido a esta falta de fidelidad en la traducción de su original, se refieren a Fitzgerald como "FitzOmar"; apodo que confirma las grandes libertades que Fitzgerald se tomó haciendo la traducción, hasta el punto que una porción considerable de los cuartetos no son realmente una traducción de Omar Jayam, sino la propia creación literaria poética de Fitzgerald.

Y aunque en el presente ya no exista ninguna duda sobre la falta de fidelidad de la traducción de Fitzgerald, nadie puede dudar de la grandiosidad sin precedentes de su trabajo. No solo fue Fitzgerald quien abrió Europa y América al conocimiento de la magnífica obra de Omar Jayam, sino que también su creación literaria (aunque reiteramos infiel al original) es de una belleza inigualable y hasta ahora inalcanzable; y, sobre todo, capaz de transmitir el mensaje original de Omar. Hasta el presente, no ha habido una traducción o versión de los Rubaiyat tan querida y alabada en inglés como la de Fitzgerald.

Existen cinco ediciones de Fitzgerald:
Primera edición: 1859 con 75 cuartetos.
Segunda: 1868 con 110 cuartetos.
Tercera: 1872, 101 cuartetos.
Cuarta: 1879, 101 cuartetos.
Quinta: 1889 (publicada tras su muerte) 101 cuartetos.

El trabajo de Fitzgerald fue tan influyente en la sociedad de sus tiempos y hasta ahora que los soldados británicos se llevaban copias de los Rubaiyat para soportar con ellos los horrores de las guerras. En Londres en el año 1890 se fundó el Club de Omar Jayam (todavía abierto) y todos los años, desde 1890 hasta hoy en día, se celebran en marzo y noviembre cenas suntuosas mientras se recitan versos de Omar Jayam en el Club Savile, 69 Brook St, Mayfair, Londres W1K4ER. Este club es sólo para caballeros.

Concluyendo, este segundo libro de la colección, La Verdad Sobre Los Rubaiyat, se basa en la traducción exclusiva de los Rubaiyat de Fitzgerald del inglés al español porque el fenómeno literario mundial de los Rubaiyat se debe precisamente a Fitzgerald; sin él, el mundo no gozaría hoy en día de esta magistral obra persa.

La versión que reproducimos aquí por la Editorial Anticuario está hecha por Mar Escribano, que es traductora e intérprete, además de escritora. Entre sus trabajos de investigación literaria destacan la traducción inédita al español de los poemas lésbicos chinos de Wu Zao, La Colección Antigua inédita de libros de Ciencia Ficción Española, Primer Libro de investigación de los Rubaiyat desde el original en Farsi con la versión añadida de Whinfield y Los Ensayos de Francis Bacon. Es autora además de obras de ficción, entre las que destacan La Vieja, Mi Coleccionista Privado, Los Hombres y El Alcohol y una biografía en el género de realismo sucio que salió recientemente al mercado escribiéndola (ésta última) junto con el artista mexicano Marcos de Los Santos.

El original que hemos utilizado de Fitzgerald es su primera publicación de 1859 con 75 cuartetos. Ésta es la primera versión de Fitzgerald y a la manera de Fitzgerald, Mar Escribano ha utilizado paráfrasis y un tono español en su versión, con el objetivo de entregar al lector la belleza de los poemas (pero no de una forma alienígena e incomprensible en nuestro idioma) sino adaptada a la música, al tono y a la cultura de lo nuestro.

Reiteramos, de nuevo, la importancia de este segundo libro de nuestra colección ya que el éxito de los Rubaiyat de Omar Jayam en Europa y en América se debe a la primera traducción europea de Fitzgerald de los Rubaiyat; que aunque se le haya acusado a Fitzgerald de su escasa fidelidad, su versión como libro de poesía es conmovedora y bellísima en la lengua inglesa y que Mar Escribano ha sido, a su vez, capaz de reproducir con parecida intensidad poética en el idioma español.

Deseamos disfruten del segundo libro de nuestra colección que viene acompañado de imágenes todas ella libres de copyright. Les ofrecemos a continuación poemas breves pero intensos, 'fabricados con el barro de nuestros cuerpos' pero que sirven para 'edificar las construcciones de nuestras mentes." Les recomendamos, mientras se dediquen a su lectura, que la acompañen de una copa de buen vino y, como consejo, que recuerden la brevedad de la vida. ¡Disfruten del presente!
Observaciones sobre los rubaiyat

Los rubaiyat son originalmente estrofas de dos versos, cada uno de ellos está dividido en dos hemistiquios, conformando un total de cuatro versos, de donde procede el término 'rubai' y su plural 'rubaiyat' que se podría traducir por cuarteto. Todos los versos deben de rimar entre sí, menos el tercero, que puede rimar o no.

En los rubaiyat cada verso tiene un objetivo diferente. Los dos primeros versos presentan el argumento o cuentan una anécdota (son descriptivos), el tercer verso (que generalmente es libre) rompe no solo con la rima sino también con el contenido; el tercer verso capta la atención del lector porque nos presenta con una rebeldía, una desobediencia a lo establecido o una rebelión de los sentidos y finalmente el cuarto verso ofrece una moraleja o una conclusión de carácter filosófico.

La traducción que les presentamos es, generalmente, más larga en español que en el idioma inglés original desde donde se ha traducido. Debemos tener en cuenta que las traducciones del inglés al español son casi siempre más largas. Es decir, se necesitan simplemente de más palabras en castellano para significar la misma cosa. Según los estudios más recientes realizados por "Media Lingo", las traducciones originales en inglés, serán de un 5% a un 15% más largas al castellano.

No obstante, en la mayoría de los casos, hemos mantenido la rima de los cuartetos, siendo AAAA, AABB o AABA, aunque siempre más largos o con más palabras en castellano.

La importancia dada a la rima por sus efectos musicales y estéticos está claramente presente en la traducción pero mayor importancia se ha prestado al contenido, la idea o el significado de los cuartetos.

Compruébenlo ustedes mismos y no se olviden de la copa de buen vino.

1.
¡Despierta! En el cuenco de la noche, el alba está arropada;
La última brasa ardiendo en la fogata; las estrellas a la cama:
¡El cántaro solar* vierte vino celestial en la torre del sultán!
¡Allí se la ve, sedienta, de las primeras luces de la alborada!

Awake! For Morning in the Bowl of Night
Has flung the Stone that puts the Stars to Flight:
And Lo! The Hunter of the East has caught
The Sultan's Turret in a Noose of Light.
*Ver Notas Finales 1.

2.
Cuando un 'mentiroso' amanecer*, el cielo flagelaba;
oí una voz, entresueños, que desde la taberna lloraba:
"Ay, antes de que el licor de la vida, se me quede seco,
¡Despertad pequeños míos; llenad, mi copa, de vino!"

Dreaming when Dawn's Left Hand was in the Sky
I heard a Voice within the Tavern cry,
"Awake, my Little ones, and fill the Cup
"Before Life's Liquor in its Cup be dry."

*Nota: Un 'mentiroso' o falso amanecer es un fulgor amarillento que aparece en el cielo oriental unas dos horas antes de que amanezca de verdad. Es fruto del polvo cósmico y también se le llama 'luz zodiacal'.

3.
El gallo cantaba, cuando unos hombres frente a la taberna,
a pleno pulmón, gritaban: "Abrid la puerta, abridla ya;
Bien sabéis el poco tiempo que nos queda,
Antes de despedirnos de la vida, sin esperanzas de vuelta."

And, as the Cock crew, those who stood before
The Tavern shouted--"Open then the Door!
"You know how little while we have to stay,
"And, once departed, may return no more.

4.
Con el Año Nuevo*, renacen los viejos deseos de siempre;
el alma pensante se retira a la soledad, allá reticente;
allá metida en Su seno; como la mano de Moisés*,
que salió blanca cuando la desenterró y Jesús desde la tierra suspiró.

Now the New Year reviving old Desires,
The thoughtful Soul to Solitude retires,
Where the White Hand of Moses on the Bough
Puts out, and Jesus from the Ground suspires.

*Ver Notas Finales 4.

5.
El jardín de Atlantis* quedó sepultado con todas sus rosas, y
Jamshyd* no está gobernando el mundo sobre todas las cosas, con sus copas*; Pero todavía el vino se exprime del rubí
y todavía las aguas bañan nuestro jardín.

Iram* indeed is gone with all its Rose,
And Jamshyd's Serving'd Cup where no one knows;
But still the Vine her ancient Ruby yields,
And still a Garden by the Water blows.

*Nota: El Jardín de Atlantis sepultado en las arenas se refiere a una legendaria ciudad perdida en Arabia que fue destruida o por causas naturales o por castigo divino. En cuanto a Jamshid en el folklore y tradiciones persas se refiere a un gran rey (figura mitológica de la cultura persa) que gozaba de un poder supremo incluso sobre ángeles y demonios.

Véanse Notas Finales 5 para posteriores explicaciones.

6.
Nuestros labios están sellados*, mas abrimos su carne
para picar "vino, vino, vino", con divino canto de ave;
Como el Ruiseñor abriendo su pico implorando su vino cárdeno
A la Rosa; para beber y comulgar, de su néctar encarnado.

And David's Lips are lock't; but in divine
High piping Pehlevi, with "Wine! Wine! Wine!
"Red Wine!"---the Nightingale cries to the Rose
That yellow Cheek of hers to incarnadine.

*Nota: Este cuarteto de Fitzgerald presenta evidentes problemas en su traducción al español por las imágenes utilizadas en el idioma inglés. En el primer verso, Fitzgerald utiliza la imagen de 'los labios sellados de David". Puede parecer a una mente occidental que estos labios de David hacen alusión a los famosos labios de la estatua de David de Miguel Ángel Buonarroti (realizada entre 1501 y 1504); pero esta imagen alude, de hecho, a un ejemplo del profeta Mahoma que declaró 'oír la voz de David' cuando escuchaba la recitación del Corán. En el segundo verso Fitzgerald alude 'al Sanscrito Persa' diciendo 'vino, vino, vino' pero aquí hemos optado por la traducción de 'picar vino, vino, vino' por su relación con el canto del ruiseñor en el verso siguiente. Por último, en los dos siguientes versos, hemos desarrollado la simbología del ruiseñor y la rosa, ya que ambos tienen una relación importante en la poesía persa. En el mundo literario persa, el ruiseñor (bolbol) es el hombre, el amante y ella es la rosa (gol). Las palabras bolbol y gol gozan de una rima y una música que no poseen en español. Debemos agregar también que la rosa (la mujer amada) tiene además de un dulce perfume, un color profundo como el del vino, siendo el vino, como ya sabemos, un elemento constante en los Rubaiyat de Omar Jamam.

7.
¡Ven, llena la copa; y con el fuego primaveral,
olvídate de toda penitencia invernal!
Poco tiempo, le queda al ave del tiempo, para volar,
Pero ¡ahí está! sobrevolando los cielos hasta el final.
Come, fill the Cup, and in the Fire of Spring
The Winter Garment of Repentance fling:
The Bird of Time has but a little way
To fly---and Lo! the Bird is on the Wing.

8.
¡Mira! Miles de flores, en este día, florecen,
¡Despierta! Miles de ellas, en arcilla, perecen:
Y este primer mes de verano que la rosa trae; a rey*, esclavo, bribón o bardo, también se llevarán a su paso.

And look---a thousand Blossoms with the Day
Woke---and a thousand scatter'd into Clay:
And this first Summer Month that brings the Rose
Shall take Jamshyd and Kaikobad away.

*Nota: En el último verso, Fitzgerald menciona a dos personas Jamshyd y Kaikobab (que hemos omitido en la traducción de este cuarteto). Jamshyd ya ha sido mencionado en el quinto cuarteto como un gran rey persa, y en cuanto a Kaikobad parece ser un sacerdote parsi que escribió La Historia de Sanjan. La idea de este rubaiyat es la brevedad de la vida que aunque bella, desaparece para todos, incluyendo hasta los grandes reyes o sultanes.

9.
¡Ven con el viejo Jayam! Deja atrás las historias de Kaikobam
Kaikhosram y todos los demás. Deja que Rostam* haga lo que le venga en gana, y nada más; Que Hatim* prepare su cena; ¡Déjalos en paz y vente con Jayam!

But come with old Khayyam, and leave the Lot
Of Kaikobad and Kaikhosru forgot!
Let Rustum lay about him as he will,
Or Hatim Tai cry Supper---heed them not.

*Nota: En este cuarteto, el mismo Omar Jayam te pide que le acompañes, a disfrutar de la vida, a beber vino. Que no pierdas el tiempo recordando a los grandes como Kaikobam (Kaikobad) (anteriormente mencionado), Rostam (que es un héroe mítico de la antigua Persia) o a Hatem At-Tay que fue un famoso poeta árabe cristiano del siglo VI, mencionado en Las Mil y una Noches y conocido por su extrema generosidad. La referencia a la 'cena de Hatem o Hatim' se debe a que su fama de ser tan generoso fue proverbial hasta el punto que cuentan que sacrificó a su caballo favorito para darle de cenar a un extraño que le pidió alojamiento y alimento.

10.
Ante mis ojos se halla, la franja perfecta del conocimiento;
que es la que separa la hierba cultivada, del salvaje desierto.
Alcanzando esa orla del saber no importa que seas sultán o esclavo, y apénate del sultán Mahmud*,en su jaula de oro*.

With me along some Strip of Herbage strown
That just divides the desert from the sown,
Where name of Slave and Sultan scarce is known,
And pity Sultan Mahmud on his Throne.

*Nota: El sultán Mahmud (998-1030) fue 'rey y esclavo' porque sus orígenes fueron serviles al proceder de un padre esclavo. A Mahmud siempre se le ha considerado 'patrón de las letras y el conocimiento' pero en realidad fue 'un secuestrador de sabios y poetas'; ya que en su deseo de ser reflejado para la posteridad con prestigio, obligó a los poetas y sabios más brillantes de su época a que permaneciesen en su palacio mal tratados. En el último verso en español: "en su jaula de oro" se alude a esta esclavitud que ejerció sobre sabios y poetas durante su reinado. Para más explicaciones sobre este rubaiyat véanse Notas Finales 10.

11.
Aquí, bajo la sombra de un árbol, con pan, como alimento;
Con una jarra de vino, un libro de versos y Tú, a mi lado;
La naturaleza gorjeando. Aquí, en este desierto yermo,
está la gloria y el cielo; en este lugar desamparado.

Here with a Loaf of Bread beneath the Bough,
A Flask of Wine, a Book of Verse---and Thou
Beside me singing in the Wilderness---
And Wilderness is Paradise enow.

12.
"¡Qué dulce es ser mortal!" Algunos han de pensar.
Otros dirán: "¡Qué bendito el paraíso que está por llegar!"
¡Ah! Toma siempre el dinero en mano y deja todo lo demás.
Lo que escuchas son tambores* celestiales que nunca llegarán.
How sweet is mortal Sovranty!"---think some:
Others---"How blest the Paradise to come!"
Ah, take the Cash in hand and waive the Rest;
Oh, the brave Music of a distant Drum!

*Nota:
Los tambores celestiales es una alusión a las promesas de felicidad eterna para todos aquellos musulmanes a los que tras su muerte, se les ofrece el paraíso de haber sido buenos en la tierra. La idea de este cuarteto es que estos 'tambores lejanos' (en su original de Fitzgerald en el último verso) son mera ficción, son sonidos vacíos que no significan nada. Se recomienda, por tanto, vivir el presente, 'coger el dinero en mano' y olvidarse de estas promesas vacías o de estos ruidos de tambores. "El dinero en mano' bien podría haberse traducido por 'pájaro en mano', en relación al conocido dicho español: que ciertamente tiene el mismo significado y el cuarteto hubiese quedado de esta otra manera:

"¡Qué dulce es ser mortal!" Algunos han de pensar.
Otros dirán: "¡Qué bendito el paraíso que está por llegar!"
¡Ah! Más vale pájaro en mano, que ciento volando;

Lo que escuchas son tambores* celestiales en la
lejanía sonando.

13.
"Me mezo en el mundo, como en UNA CUNA."
Nos dice riendo la rosa: "Mas un día se desgarrará
mi polen; mi tesoro acabará hecho polvo, esparcido;
rasgado como despojo, como en UNA TUMBA."
 Look to the Rose that blows about us---"Lo,
"Laughing," she says, "into the World I blow:
"At once the silken Tassel of my Purse
"Tear, and its Treasure on the Garden throw."

14.
Todos los deseos que los hombres ponen en sus
corazones,
Se convierten en cenizas y, luego, en sinrazones.
Al igual que la nieve caída en el desierto, quizá
por una hora o dos, pero después no cuaja y
¡desapareció!
The Worldly Hope men set their Hearts upon

Turns Ashes---or it prospers; and anon,
Like Snow upon the Desert's dusty Face
Lighting a little Hour or two---is gone.

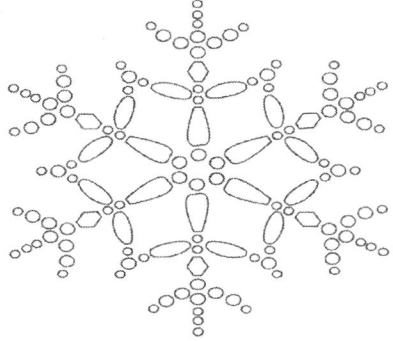

15.
Y aquellos que excavaban el suelo, por pepitas de oro;
Y aquellos que las malgastaban como lluvias al viento;
La Dorada Tierra les devuelve el valor de la moneda
Ya que una vez enterrados y muertos,
otros hombres desenterrarán sus cuerpos.

And those who husbanded the Golden Grain,
And those who flung it to the Winds like Rain,
Alike to no such aureate Earth are turn'd
As, buried once, Men want dug up again.

16.
Piensa como en este caravasar*, situado en el camino real;
cuyas puertas están siempre abiertas para entrar y descansar;
Viajero tras viajero, Sultán tras sultán se albergaron allá,
Con pompa todos entraron, pero todos se marcharon por igual.

Think, in this batter'd Caravanserai
Whose Doorways are alternate Night and Day,
How Sultan after Sultan with his Pomp
Abode his Hour or two, and went his way.

*Nota: Caravasar es una palabra de origen persa que significa un antiguo tipo de edificio, tipo posada, donde las caravanas y viajeros podían pernoctar y descansar. Estaban diseñados para albergar y dar reposo y alimento tanto a los viajeros como a sus animales. Este tipo de albergues se encontraban con frecuencia a lo largo del Camino Real Persa, una antigua carretera de 2500 km de longitud que se extendía desde Sardes a Susa, según Heródoto: «Ahora las verdaderas causas de la carretera en cuestión son las siguientes: hay estaciones reales a lo largo de toda su longitud y los excelentes caravasares, y que atraviesan un tramo habitado y libre de peligros». Véanse NOTAS FINALES 16 para posteriores explicaciones.

17.
Dicen que en el palacio, donde vivió el rey
Jamshyd, donde bebió vino a raudales*; ahora viven
lagartijas y leones; y de Bahram*, el cazador, que
contra los Hunos luchó, ahora hay un asno que le
está dando coces a la arena donde se le enterró.

They say the Lion and the Lizard keep
The Courts where Jamshyd gloried and drank deep;
And Bahram, that great Hunter---the Wild Ass
Stamps o'er his Head, and he lies fast asleep.

*Nota: Bahram fue un rey persa (406-438) de apodo
'el cazador' por su gusto particular por la caza y
amaba también las artes y la poesía. Ver Notas
Finales 17 para Jamshyd.

18.
Nunca habrá, rojo tan profundo en una rosa, como
el nacido de la sangre derramada, de algún César
enterrado bajo tierra; Ni ningún jacinto de un jardín,
que no haya venido,
de la que antes, alguna vez fuera, una bella cabeza.
I sometimes think that never so red
The Rose as where some buried Caesar bled;

That every Hyacinth the Garden wears
Dropt in its Lap from some once lovely Head.

19.
Y esta deliciosa rosa
que con jugosa boca, al río besa.
Ay ¡Inclínate con cuidado sobre ella! ¿Quién sabe a quién
pertenecieron los labios de esta rosa?

And this delightful Herb whose tender Green
Fledges the River's Lip on which we lean---
Ah, lean upon it lightly! for who knows
From what once lovely Lip it springs unseen!

20.
¡Ay amada mía, lléname la copa, que el vino HOY espanta
remordimientos del pasado y el temor de mi mañana!
¿Mañana?¿Por qué mañana? Si mañana…
puede que fuera yo de hace 7.000* años.

Ah, my Beloved, fill the Cup that clears
TO-DAY of past Regrets and future Fears---
To-morrow?---Why, To-morrow I may be
Myself with Yesterday's Sev'n Thousand Years.

*Nota: La alusión a hace 7.000 años es desde la creación del mundo con Adán y Eva según la Biblia y el Corán.

21.
Tuvimos una época pasada, seductora y mejor; y de aquella buena vendimia, bebimos una ronda o dos.
De los que fuimos, uno a uno, desaparecimos: nos escurrimos en silencio; uno a uno sucumbimos.
 Lo! some we loved, the loveliest and best
That Time and Fate of all their Vintage prest,
Have drunk their Cup a Round or two before,
And one by one crept silently to Rest.

22.

Nosotros, que entramos en la fiesta de la vida disfrutando,
Mientras que otros se marchan de esta algazara aparentando,
¿Y que nosotros seamos los que tengamos que descender bajo tierra para cubrir su manto? ¿El manto de quién?
And we, that now make merry in the Room
They left, and Summer dresses in new Bloom,
Ourselves must we beneath the Couch of Earth
Descend, ourselves to make a Couch---for whom?

23.
¡Ay! Aprovecha al máximo el tiempo que nos queda,
Antes de que en polvo descendamos a la tierra;
Polvo tremolado con polvo, polvo posado con polvo, polvo yacido.
¡Sin vino, sin canciones, sin trovadores, y sin…Nada!
 Ah, make the most of what we yet may spend,
Before we too into the Dust descend;
Dust into Dust, and under Dust, to lie,
Sans Wine, sans Song, sans Singer, and---sans End!

*La imagen significa: Feliz Año Nuevo en Persa.

24.
Para aquellos que HOY se preparan,
Para aquellos que miran por el MAÑANA,
El almuédano* canta, desde la Torre de la Tiniebla:
"¡Locos! Vuestra recompensa ni acá, ni allá se encuentra."

Alike for those who for TO-DAY prepare,
And those that after a TO-MORROW stare,
A Muezzin from the Tower of Darkness cries
"Fools! your Reward is neither Here nor There!"

*Nota: Almuédano, almuecín o muecín es, en el Islam, el miembro de la mezquita responsable de convocar de viva voz a la oración o adhan, con una frecuencia de cinco veces al día, desde el minarete o el alminar.

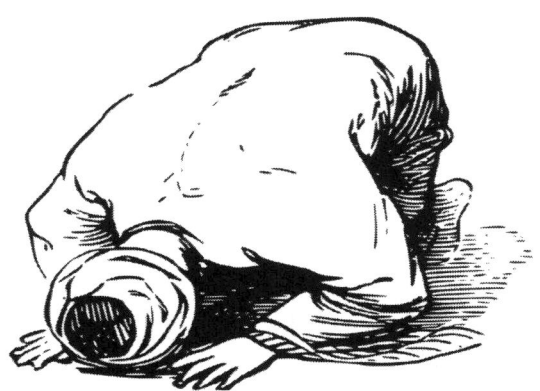

25.
¿Por qué sabios y santos, que sobre los Dos Mundos
discuten con tanta erudición, son llamados
iluminados?
Imbéciles que con palabras hirientes menosprecian
a las gentes; sus palabras acabarán entre las arenas
sepultadas;
con sus bocas enterradas, con el polvo de la tierra.

Why, all the Saints and Sages who discuss'd
Of the Two Worlds so learnedly, are thrust
Like foolish Prophets forth; their Words to Scorn
Are scatter'd, and their Mouths are stopt with Dust.

*La imagen significa "Feliz Año Nuevo" en persa.

26.
¡Ven con el viejo Jayam y deja al sabio divagando,
la única verdad es que la vida se va volando;
El resto son mentiras.
La flor que una vez nació, se acabó marchitando.

Oh, come with old Khayyam, and leave the Wise
To talk; one thing is certain, that Life flies;
One thing is certain, and the Rest is Lies;
The Flower that once has blown for ever dies.

27.
Yo, cuando era joven, ansiosamente frecuenté santones y doctores; Escuché sus grandes argumentos sobre esto, aquello y lo de más allá; Pero de una cosa, con certeza, os avisaré:
Yo Siempre salí por la misma puerta por la que entré.
Myself when young did eagerly frequent
Doctor and Saint, and heard great Argument
About it and about: but evermore
Came out by the same Door as in I went.

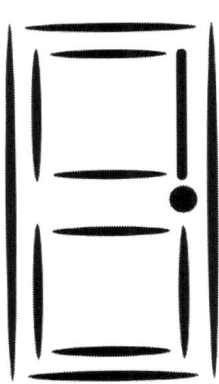

28.
Planté la Semilla de la Sabiduría; con mis propias manos,
la cuidé y creció. Ahora he recogido la cosecha, ya madura.
Y ¿dé que me sirvió?
Si vine como el agua y como el viento me voy.
With them the Seed of Wisdom did I sow,
And with my own hand labour'd it to grow:
And this was all the Harvest that I reap'd---
"I came like Water, and like Wind I go."

29.
Entramos en un mundo, que no entendemos, que no sabemos
de dónde viene; como el agua que fluye, de cualquier manera;
Salimos de este mundo, como el viento entre basura,
No sabemos adónde, de cualquier manera.
Into this Universe, and why not knowing,
Nor whence, like Water willy-nilly flowing:
And out of it, as Wind along the Waste,
I know not whither, willy-nilly blowing.

30.
¿Qué o quién, sin preguntarnos, nos trae con prisa hasta aquí?
Y ¿sin preguntarnos, nos saca con prisa de aquí?¿A dónde?
¡Tráeme otra jarra de vino para engullirla!
¡Un brindis por tan tremenda impertinencia!

What, without asking, hither hurried whence?

And, without asking, whither hurried hence!
Another and another Cup to drown
The Memory of this Impertinence!

31.
He resuelto muchas dudas, desde el centro de la tierra,
pasando por la séptima Puerta* hasta Saturno*.
He despejado incertidumbres, he desatado mucho nudo,
Menos el nudo de la muerte; ése sí que está bien anudado.

Up from Earth's Centre through the Seventh Gate
I rose, and on the Throne of Saturn sate,
And many Knots unravel'd by the Road;

But not the Knot of Human Death and Fate.

*Nota: Omar Jayam además de poeta fue matemático, filósofo, profesor y sobre todo un gran astrónomo. Fue gracias a Omar y sus investigaciones que desde su corrección del antiguo calendario zoroástrico, se adoptase el calendario que ahora en la actualidad se utiliza en Irán. Su calendario fue incluso más preciso que el que se habría de tener en Europa hasta 500 años más tarde con el calendario Gregoriano. Al ser un astrónomo, es natural que en muchos de sus Rubaiyat se mencionen los astros, las estrellas, los planetas o el universo; como es el caso en este cuarteto que acabamos de mencionar. En cuanto a 'la séptima puerta', en el mundo antiguo a Saturno se le consideraba el séptimo planeta.

32.
Hay una puerta, a la que no le atino la llave,
Un velo, a través del cual, no consigo ver la clave.
Parece haber tan pocas palabras entre Tú y yo.
Y después, nada más, nada más que Tú y yo.*
There was a Door to which I found no Key:
There was a Veil past which I could not see:
Some little Talk awhile of ME and THEE

There seemed---and then no more of THEEE and ME.

*Nota: Este cuarteto se le ha atribuido NO a Omar Jayam sino a otros poetas místicos persas del siglo X: Abolhasam Xaraqami y Abusaid Abolxeir. En el libro titulado La Verdad Sobre los Rubaiyat trataremos de este tema en más profundidad. Ciertamente el misticismo de este cuarteto donde Tú y yo es entendido, por muchos críticos, como un acercamiento y unión intima con Dios; no es un tema muy propio o característico de Omar Jayam, más caracterizado por temas como el vino, los placeres y el agnosticismo o ateismo.

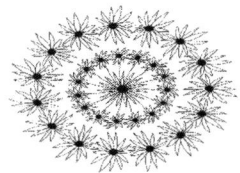

33.
Y al universo rodante, yo le lloré: "¿Qué luz para guiarnos nos ha puesto el destino?¿Qué luz a nosotros, tus niños pequeños, perdidos y tropezando entre tinieblas?"
"¡Un entendimiento ciego!" Respondieron los cielos.
Then to the rolling Heav'n itself I cried,
Asking, "What Lamp had Destiny to guide
"Her little Children stumbling in the Dark?"
And---"A blind Understanding!" Heav'n replied.

34.
Y entonces del cuenco de la tierra retiré
mis labios del Pozo Secreto del Saber.

Labio con labio murmuré: "¡Mientras vivas, bebe!"
¡Bebe! ¿Qué importa el saber, si una vez muerto, no has de volver?

Then to this earthen Bowl did I adjourn
My Lip the secret Well of Life to learn:
And Lip to Lip it murmur'd---"While you live
"Drink!---for once dead you never shall return."

35.
La senda de la vida, escurridiza, me ha de responder:
"¡Vivimos sólo una vez, así que a divertirse y a beber!"
 Al final, los labios fríos de la muerte habrás de beber!"
¿Antes del gran roce final cuántos besos has de dar y recoger?
I think the Vessel, that with fugitive
Articulation answer'd, once did live,
And merry-make; and the cold Lip I kiss'd
How many Kisses might it take---and give!

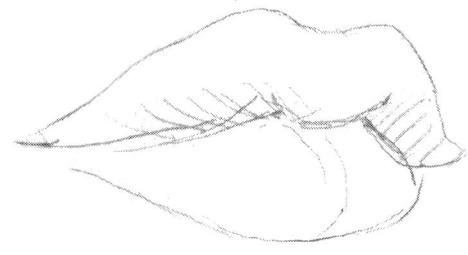

36.
Una mañana, en la plaza del mercado, vi al alfarero:
Modelaba la arcilla húmeda, entre sus dedos, con celo;
La lengua de barro le murmuró: "¡Suave y despacito, hermano mío, despacito, amásame como si fuese un rezo!"

For in the Market-place, one Dusk of Day,
I watch'd the Potter thumping his wet Clay:
And with its all obliterated Tongue
It murmur'd---"Gently, Brother, gently, pray!"

37.
¡Ah, llena la copa! Y lo que me lleva a repetir, una y otra vez, es el tiempo que se resbala, allí; debajo de mis pies.
El mañana no ha nacido y la muerte es del ayer.
Al traste con ellos, cuando el HOY está tan lleno de placer.
Ah, fill the Cup:---what boots it to repeat
How Time is slipping underneath our Feet:
Unborn TO-MORROW, and dead YESTERDAY,
Why fret about them if TO-DAY be sweet!

38.
Momento perdido, momento muerto;
Pero momento vivido, momento saboreado;
Las estrellas se están asentando como se asienta la caravana;
Oh, ¡date prisa! Comencemos a vivir este amanecer de la nada.

One Moment in Annihilation's Waste,
One Moment, of the Well of Life to taste---
The Stars are setting and the Caravan
Starts for the Dawn of Nothing---Oh, make haste!

39.
¿Dime por cuánto tiempo, por cuánto, en la búsqueda infinita de este esfuerzo o aquel anhelo?¿No es mejor gozar de la uva que entristecerse después de la nada?
¿No prefieres la fruta dulce a la amarga?
How long, how long, in infinite Pursuit
Of This and That endeavour and dispute?
Better be merry with the fruitful Grape
Than sadden after none, or bitter, Fruit.

40.
Bien sabéis, amigos míos, que mi última boda celebré,
Yéndome de parranda. De la señora Razón me divorcié,
vieja estéril; por no servirme para nada; como nueva esposa
tomé a la hija de la Vid* y la atraje hasta mi cama.

You know, my Friends, how long since in my House
For a new Marriage I did make Carouse:
Divorced old barren Reason from my Bed,
And took the Daughter of the Vine to Spouse.

*Nota: La hija de la vid (dogtare raz) es una metáfora para significar el vino.

41.
Entiendo la esencia del SER y NO SER. Y también puedo comprender lo interno y lo externo*; ¿Y a mí qué me importa todo esto? ¡Me importa un bledo! El único conocimiento profundo, que yo tengo, es el del vino. ¿Qué otro conocimiento yo quiero?
For "IS" and "IS-NOT" though with Rule and Line,
And "UP-AND-DOWN" without, I could define,
I yet in all I only cared to know,
Was never deep in anything but---Wine.
*Nota: Este cuarteto parece ser una parodia de la doctrina sufí que explica que se alcanza el mayor grado de sabiduría por medio de la iluminación; mientras que Jayam lo hace por medio del vino.

42.
Hace poco, estando en la taberna, con la puerta entreabierta;
Entró, pasando desapercibido, un ángel de la guarda;
Llevaba una bota colgada del hombro y me ofreció un trago. ¡Aquello sí que era vino del bueno!
And lately, by the Tavern Door agape,
Came stealing through the Dusk an Angel Shape
Bearing a Vessel on his Shoulder; and
He bid me taste of it; and 'twas---the Grape!

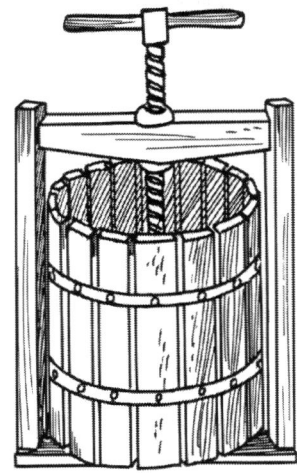

43.
La uva, con su lógica absoluta, podrá refutar a las
72 sectas disonantes* del Islam; El fino alquimista
del vino en un tris tras; ¡de las proezas de la cepa a
todos ellos convencerá!
el plomo de sus vidas en dorado vino trasmutará.

The Grape that can with Logic absolute
The Two-and-Seventy jarring Sects confute:
The subtle Alchemist that in a Trice
Life's leaden Metal into Gold transmute.

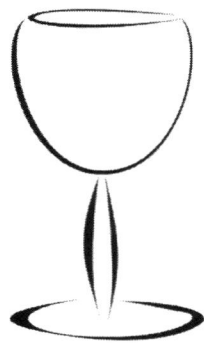

*Nota: Se dice en la tradición del profeta Mahoma que habrá 73 sectas (el cuarteto enumera 72) y que estas sectas estarán divididas pero que al final habrá solamente una.

44.
Con Mahmud*, ¡ni una sola gota de vino!; ¡Con él fue así!
pero Con David, ¡el harpa habíamos de oír! ¡Hubo de ser así!
Olvídate de ellos que se han ido y no volverán, ¡así como así!
¡Disfruta de la vida presente, porque tiene que ser así!

The mighty Mahmud, the victorious Lord,
That all the misbelieving and black Horde
Of Fears and Sorrows that infest the Soul
Scatters and slays with his enchanted Sword.

*Nota: En esta ocasión no hemos traducido el rubaiyat de Fitzgerald. La traducción del cuarteto 44 de Fitzgerald es la siguiente:
****
Al sultán Mahmud (con una enorme suma de dinero lo quisieron comprar) pero con su espada encantada dispersó
La horda negra de infieles que al pueblo afectaban; los miedos y las penas, que al alma infestaban.
■■
La primera traducción que hemos colocado en el rubaiyat 44 es la verdadera y original que procede del farsi cuya imagen ponemos a continuación. Para posteriores explicaciones ver Notas Finales 44.

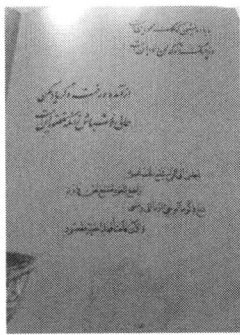

45.
Deja que el Sabio riña con todo lo que tenga que reñir,
Deja que el universo haga todo lo que tenga que hacer.
Y en alguna esquina de todo este alboroto, juega tanto como ellos juegan contigo. ¡Demuéstrales que tú también sabes jugar!

But leave the Wise to wrangle, and with me
The Quarrel of the Universe let be:
And, in some corner of the Hubbub coucht,
Make Game of that which makes as much of Thee.

46.
Dentro, fuera, arriba y abajo:
Esto no es más que un juego de magia, abracadabra.
Hecho con una cajita mágica, donde la vela es el sol,
Y las figuritas fantasmas aparecen y desaparecen, abracadabra.
 For in and out, above, about, below,
'Tis nothing but a Magic Shadow-show,
Play'd in a Box whose Candle is the Sun,
Round which we Phantom Figures come and go.

47.
Ya que el vino que bebes y los labios que besas acaban
En La Nada de todas las cosas que acaban.
¡Sí! Disfruta mientras 'eres' porque 'eres' pero 'serás'
NADA; en NADA te convertirás y en nada más.
And if the Wine you drink, the Lip you press,
End in the Nothing all Things end in ---Yes---
Then fancy while Thou art, Thou art but what
Thou shalt be---Nothing---Thou shalt not be less.

48.
Mientras la rosa sople al viento;
bebe el vino añejo, con Jayam, el viejo.
Cuando el ángel se presente y te atraiga, con su ráfaga de frío;
¡No te encojas! Acepta tu Sambenito, déjate llevar por su hilo.
While the Rose blows along the River Brink,
With old Khayyam the Ruby Vintage drink:
And when the Angel with his darker Draught
Draws up to Thee---take that, and do not shrink.

49.
Todo esto es una partida de ajedrez, de días y noches,
Donde el Destino se juega con las piezas de los hombres;
Aquí y allí movibles: jaques, mates y jaques mates;
y una vez el juego consumado, las piezas vuelven a la misma caja mate.
'Tis all a Chequer-board of Nights and Days
Where Destiny with Men for Pieces plays:
Hither and thither moves, and mates, and slays,
And one by one back in the Closet lays.

50.
No hay duda ¡votos a favor y contra! el juego comienza; izquierda o derecha; cuando el jugador golpea la pelota,
Te tira en el campo de juego y te da una sacudida.
¡Oh sí! Él que lo sabe todo, Él que todo lo sabe, Él Sabelotodo.
The Ball no Question makes of Ayes and Noes,
But Right or Left, as strikes the Player goes;
And He that toss'd Thee down into the Field,
He knows about it all---He knows---HE knows!

51.
El Dedo Divino escribe y tras escribir, sigue adelante.
Ni tu piedad, ni tu ingenio; le harán cambiar de talante.
El Dedo Movible no omitirá palabras, ni mensajes, ni señales, ni la mitad de unas frases; ni aunque llores a mares.
The Moving Finger writes; and, having writ,
Moves on: nor all thy Piety nor Wit
Shall lure it back to cancel half a Line,
Nor all thy Tears wash out a Word of it.

52.
Por debajo de este cuenco invertido que 'cielo' llamamos;
Nos arrastramos, vivimos, acabamos. Alzando tus manos
¿Para qué le imploras ayuda?¿No te das cuenta que, rueda y rueda, impotente, ante nuestros llantos?
And that inverted Bowl we call The Sky,
Whereunder crawling coop't we live and die,
Lift not thy hands to *It* for help---for It
Rolls impotently on as Thou or I.

53.

*Amasaron al hombre, con el primer barro de la tierra, y después sembraron sus semillas con la última cosecha: ¡Sí!;
desde la primera mañana de la creación estaba todo escrito:
desde el principio hasta el último cálculo de nuestros días.
With Earth's first Clay They did the Last Man's knead,
And then of the Last Harvest sow'd the Seed:
Yea, the first Morning of Creation wrote
What the Last Dawn of Reckoning shall read.
*Este rubaiyat de Fitzgerald parece ser de su propia creación literaria y no de Omar Jayam, sin embargo, muchos de los cuartetos de Omar expresan, aparentemente, esta misma idea.

54.

Yo te lo explico: cuando se comenzó con este objetivo,
Cuando ensillaron al astro rey* en el cielo;
Cuando arrojaron a Júpiter y a las Pleyades*, ¿Qué pecado había cometido yo cuando estaba ya escrito todo mi destino*?
I tell Thee this---When, starting from the Goal,
Over the shoulders of the flaming Foal
Of Heav'n Parvin and Mushtara they flung,
In my predestin'd Plot of Dust and Soul

*Nota: En el original de Fitzgerald se mencionan a 'Parvin' que es el planeta de Júpiter y a "Mushtara' que son Las Pléyades. Las Pléyades además de ser uno de los cúmulos estelares más cercanos a la Tierra, alberga un prominente lugar en la mitología antigua, así como una diversidad de significados en diferentes culturas y tradiciones.

55.

*La vid ha golpeado mi ser y se ha adherido a mí;
Deja que su espíritu sufí flote y entre dentro de mí;
En los metales comunes de mi cuerpo, para así
Hallar la llave que abra la puerta del místico frenesí.
 The Vine had struck a Fibre; which about
If clings my Being---let the Sufi flout;
Of my Base Metal may be filed a Key,
That shall unlock the Door he howls without.
*Nota: Este cuarteto ha sido extensamente examinado por los estudiosos de los Rubaiyat y los sufíes lo consideran altamente místico. El sufismo es el aspecto interno y místico del Islam y ve en este cuarteto elementos contemplativos. Cuando la vid golpea el ser y se adhiere, esto puede ser visto como el enraizamiento de la serpiente del jardín del Edén o incluso el agarre del aspecto divino en el humano. La descripción del cuerpo físico como fabricado de 'metales comunes' se debe a que los metales comunes se corroen si los comparamos con los metales nobles pero entrando el espíritu, se puede encontrar la llave a las experiencias místicas con dios y así a la comunión divina. Por supuesto, el cuarteto también puede ser interpretado como la relación de Omar Jayam con el simple vino y no con Dios.

56.
Y ¿qué más da que La Luz Verdadera venga de odio a rabiar
o de amor a raudal? ¿No vale más la pena echar la vista a la taberna? Antes que acabar en el templo, tarambana y calavera; prefiero morir ahogado en el vino de la bodega.

And this I know: whether the one True Light,
Kindle to Love, or Wrathconsume me quite,

One Glimpse of It within the Tavern caught
Better than in the Temple lost outright.

57.

Tú mismo creaste el vicio y el alcohol, ¡con trampa!
Los pusiste en mi camino, a sabiendas, de mi desgracia;
Hecho con deliberación y predestinación; ¿Cómo puedes culparme, Tú a mí, de caer en el pecado y la tentación?
Oh, Thou, who didst with Pitfall and with Gin
Beset the Road I was to wander in,
Thou wilt not with Predestination round
Enmesh me, and impute my Fall to Sin?

58.
*Oh Tú que creaste al hombre de la Tierra,
pero luego al Edén le agregaste una culebra;
acabamos cayendo en el pecado; ¡perdón o castigo a tu antojo!
Como decir: "inclina la jarra y que no se te derrame nada."
Oh, Thou, who Man of baser Earth didst make,
And who with Eden didst devise the Snake;
For all the Sin wherewith the Face of Man
Is blacken'd, Man's Forgiveness give---and take!

*Nota: Este famoso cuarteto de Fitzgerald no tiene su original definido en Omar Jayam. En su traducción al español, nos hemos servido del cuarteto 265 de Whinfield "tilt the jar, but do not spill'(Inclina la jarra pero que no se te derrame nada).

59.
¡Escucha la tonada que se aleja en la lontananza!
El final del Ramadán se acerca, la Luna Creciente acecha.

Me encontraba yo solo en la vieja tienda del alfarero* y
por un poblado de figuras de barro*, me vi arrinconado…
Listen again. One Evening at the Close
Of Ramazan, ere the better Moon arose,
In that old Potter's Shop I stood alone
With the clay Population round in Rows.

*Nota: La tienda del Alfarero, el Alfarero que amasa las figuras de barro, es un elemento constante en Omar Jayam, significando Dios. Las figuras de barro son los humanos. Los puntos suspensivos en español al final del último verso implican que la historia de este rubaiyat continuará y, de hecho, así acontece en los siguientes cuartetos.

60.
Parece extraño decir pero de entre aquellas figuras de barro,
Unas hablaban y otras no:
Fue, de improviso, que una de ellas, con impaciencia, gritó:
"¿Quién es aquí el Alfarero y quién la figura de barro?"

And, strange to tell, among that Earthen Lot
Some could articulate, while others not:
And suddenly one more impatient cried---
"Who *is* the Potter, pray, and who the Pot?"

61.
Y entonces otra habló: "De seguro que no fue en vano,
Cuando de la tierra más burda, mi substancia ÈL tomó.
Aquel que con tanta sutileza me moldeó, ¡De seguro que
no me estampará de vuelta a la tierra, ay qué no!"
Then said another---"Surely not in vain
"My Substance from the common Earth was ta'en,
"That He who subtly wrought me into Shape
"Should stamp me back to common Earth again."

62.
Otra dijo: "¡De seguro que no! Pues por muy malhumorado esté un chico, éste no destrozará la copa con la que tanto gusto bebió."De igual manera, el que con puro amor hizo el camino, no decidirá destruirlo con la rabia de un soplido."
Another said---"Why, ne'er a peevish Boy,
"Would break the Bowl from which he drank in Joy; "Shall He that *made* the Vessel in pure Love
"And Fancy, in an after Rage destroy!"

63.
Nadie respondió a esta última pregunta pero
después el silencio habló: "éste, desde luego, es un
camino bastante desgarbado." "Primero se burlan de
mí por aprenderlo todo errado pero
la mano del Alfarero, seguro temblaba, cuando nos
hizo."
None answer'd this; but after Silence spake
A Vessel of a more ungainly Make:
"They sneer at me for learning all awry;
"What! did the Hand then of the Potter shake?"

64.
Otra dijo: "gente que habláis de una manera tan
tosca, que
embadurnáis su rostro con el humo del averno.
Cuando os dicen que estamos aquí de prueba.
¡Flautas y un pito! Os digo yo
que no tenéis que preocuparos. ¡ÈL es un buen
chico!

Said one---"Folk of a surly Tapster tell
"And daub his Visage with the Smoke of Hell;

"They talk of some strict Testing of us---Pish!
"He's a Good Fellow, and 't will all be well."

65.
Llegó otra figura de barro que dijo con un largo suspiro:
"Ay, mi barro se ha secado por el olvido y el descuido,
pero llenadlo con el familiar vino; que de seguro,
yo creo, me recupero del tiempo perdido.
Then said another with a long-drawn Sigh,
"My Clay with long oblivion is gone dry:
"But, fill me with the old familiar Juice,
"Methinks I might recover by-and-bye!"

66.
Mientras las figuras de barro continuaban hablando;
una de ellas, divisó el Creciente*, que todas
andaban esperando. Empujáronse unas a las otras
cantando: "hermanas, hermanas, escuchad con
atención, que llegó el alfarero;
se oye el ruido de la bandeja; la fiesta empezó.*"
So while the Vessels one by one were speaking,
One spied the little Crescent all were seeking:
And then they jogg'd each other, "Brother! Brother!
"Hark to the Porter's Shoulder-knot a-creaking!

*Nota: Por El Creciente queremos decir que se ha acabado el Ramadán, lo que significa que se termina el ayuno y comienza la fiesta que dura tres días. De ahí el sonido de la bandeja del Alfarero que contiene la comida especial que ya se puede comer después del Ramadán. El primer día del mes musulmán siguiente al Ramadán se llama Shawwal, en donde se celebra una tradicional fiesta post-ayuno, conocida como Eid al-Fitr; las oraciones y los festines familiares ocupan un lugar central en ella.

67.
¡Ah, antes de desvanecerme, con uva proveedme!
¡Cuando ya cadáver, con vino lavadme!
Mi mortaja, con las hojas de la vid, envolvedme.
Y no olvidéis, en un jardín de dulces rosas*, enterradme.
Ah, with the Grape my fading Life provide,
And wash my Body whence the Life has died,
And in the Windingsheet of Vine-leaf wrapt,
So bury me by some sweet Garden-side.
*Nota: Omar Jayam también fue maestro y uno de sus alumnos, Nizami de Samarcanda, contó la siguiente historia de Omar: "Solía conversar con mi maestro, Omar Jayam, en el jardín y un día recuerdo que me dijo:'Mi tumba tendrá que estar en un lugar donde los vientos del norte dispersen rosas sobre ella.' Reflexioné sobre las palabras de mi maestro y años después cuando tuve la oportunidad de visitar Naishapur para ver su lugar de descanso. Allí estaba su tumba; árboles cargados de frutas estiraban sus ramas sobre el muro del cementerio, flores caían sobre su tumba. Omar Jayam fue enterrado, como él quiso, en un jardín con rosas." La profecía de Omar Jayam se había cumplido.

68.
Que mis cenizas enterradas, arrojen perfume a la brisa;
Que mi fragancia atrape al verdadero creyente que por allá pase; y así, de esta manera, sin que él tenga la consciencia.
Que mi aroma le lance una trampa.
That ev'n my buried Ashes such a Snare
Of Perfume shall fling up into the Air,
As not a True Believer passing by
But shall be overtaken unaware.

69.
En verdad, que los ídolos que por tanto tiempo he amado,
Pésima reputación, ante los ojos de los otros, me ha creado.
Mi honor en una frívola copa, he ahogado.
Por una canción, mi reputación he despachado.
Indeed the Idols I have loved so long
Have done my Credit in Men's Eye much wrong:
Have drown'd my Honour in a shallow Cup,
And sold my Reputation for a Song.

70.
En verdad, en verdad, que a menudo juré arrepentimiento. Pero, ¿estuve sobrio cuando hice este juramento? Porque, después y después, cuando la primavera llegaba y con rosa en mano, mi penitencia andrajosa acababa hecha pedazos.
Indeed, indeed, Repentance oft before
I swore---but was I sober when I swore?
And then and then came Spring, and Rose-in-hand
My thread-bare Penitence apieces tore.

71.
¡Cuánto el vino me ha sido infiel robando la túnica de mi dignidad! Pues bien, otros asuntos me preocupan mucho más; como por ejemplo la argucia

de los vinateros. Mitad del líquido que venden es precioso, pero ¿qué contiene la otra mitad?*
And much as Wine has play'd the Infidel
And robb'd me of my Robe of Honour---well,
I often wonder what the Vintners buy
One half so precious as the Goods they sell.
*En realidad en el original de Fitzgerald en los últimos dos versos lo que se pregunta Omar (según Fitzgerald) es sobre lo que compran los vinateros cuando la mitad de lo que venden (el vino en si mismo) lo considera un líquido tan precioso pero ¿qué contiene la otra mitad? Entendemos que esto puede significar las mezcolanzas que en la antigüedad se hacían mezclando al vino con otras substancias. Se sabe que a veces se mezclaba con agua pero para conservar el vino incluso se agregaban otras substancias. Los romanos, por ejemplo, mezclaban el vino para conservarlo con caldo de pez y resina y era envasado en ánforas que se cerraban herméticamente con tapones de corcho o barro, en donde se indicaba la procedencia y el año de la cosecha. En estas condiciones la mezcla no era muy agradable para ser bebida así que después se mezclaba con agua o con miel. Sabemos con certeza por restos arqueológicos que los persas utilizaban ánforas que contenían un tipo de resina para preservar el vino y diluir el vino en agua o mezclarlo con miel también parecieron ser técnicas comunes entre los persas.

72.
Ay que la primavera, con la rosa, se esfumará.
El manuscrito perfumado de aquella joven se cerrará.
El ruiseñor que en las ramas cantaba, ¿de dónde viene?

¿A dónde irá? ¿Quién lo sabe o lo sabrá?
Alas, that Spring should vanish with the Rose!
That Youth's sweet-scented Manuscript should
close! The Nightingale that in the Branches sang,
Ah, whence, and whither flown again, who knows!

73.
¡Ay amor! ¿Podríamos tú y yo conspirar contra el destino?
Destrozar este esquema entero, dominar este penoso diseño,
dejarlo todo hecho añicos, y después
remodelarlo, de nuevo, de acuerdo con nuestros deseos.
Ah Love! could thou and I with Fate conspire
To grasp this sorry Scheme of Things entire,
Would not we shatter it to bits---and then
Re-mould it nearer to the Heart's Desire!

74.
Luna real de mi delicia, tú no menguas como la de allí afuera
La otra luna se está alzando, de nuevo, en el cielo.
¿Por cuánto tiempo de más ella nos mirará desde arriba?
Atisbándonos siempre en el mismo jardín…En vano.

Ah, Moon of my Delight who Know'st no wane
The Moon of Heav'n is rising once again:
How oft hereafter rising shall she look
Through this same Garden after me---in vain!

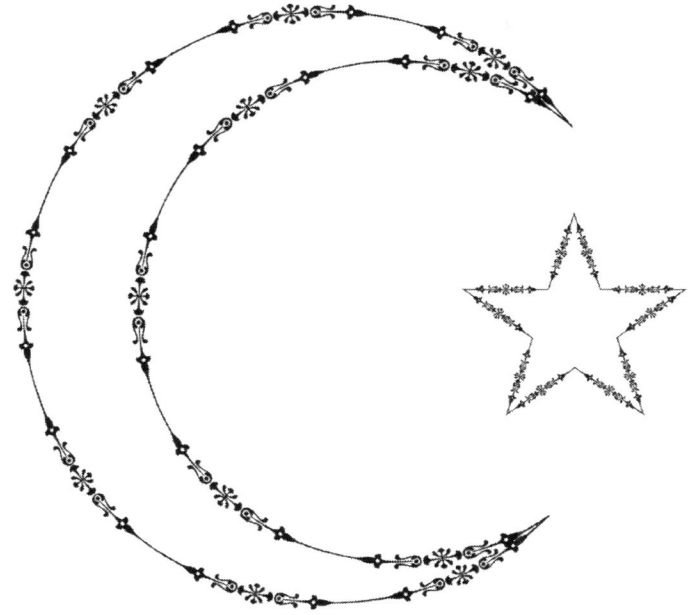

75.
Y cuando tú*, con tus pies blancos, camines por la senda de las estrellas, dispersadas sobre la hierba; cuando hagas este último recado y alcances el lugar indicado, donde yo ya he llegado, ¡dale la vuelta a tu copa vacía! Esto se ha acabado.

And when Thyself with shining Foot shall pass
Among the Guests Star-scatter'd on the Grass,
And in thy joyous Errand reach the Spot
Where I made one---turn down an empty Glass!

*Nota: Explicamos desde el principio de este libro que nos basaríamos, en esta ocasión, en la traducción al español de los Rubaiyat de Omar Jayam desde el punto de vista de su traducción (o mejor dicho versión) de Fitzgerald EN SU PRIMERA PUBLICACION; es decir su edición de

1859 con sus 75 cuartetos originales y primarios. No obstante, de Fitzgerald hubieron un total de cinco ediciones con más cuartetos. En este último cuarteto (75) cuando se nombra 'tú', ese 'tú' no tiene un nombre; no sabemos quién es la amada de Omar Jayam. Pero en las otras ediciones posteriores del mismo cuarteto, se revela el nombre de su amada como 'Saki'.

NOTAS FINALES

1. 'El cuenco de la noche' es un elemento muy común en la literatura persa y en particular en la poesía, significando 'el cielo' o 'los cielos'. La imagen visual es comparar a los cielos con un cuenco al que se le ha dado la vuelta.

En cuanto a 'el alba está arropada; la última brasa ardiendo en la fogata', el original de Fitzgerald es diferente siendo 'la piedra se ha echado'. Esta imagen de la 'piedra echada' se debe a que en algunas las tribus nómadas, la señal de que un campamento se retiraba se representaba por medio de echar una piedra en un cuenco. La opción en español de 'esa última brasa en la fogata' nos ha parecido más apropiada ya que nosotros entendemos que un campamento se acaba cuando las brasas de la fogata se van extinguiendo.

La imagen del 'cántaro solar' o 'cántaro del sol' es de extrema importancia ya que una de las temáticas que caracterizan a Omar Jayam es el vino. En este caso, el sol es como un cántaro de vino que vierte su líquido en la torre del palacio del sultán y esta torre está sedienta de ese vino.

4.
El Año Nuevo Persa es diferente al nuestro. Comienza alrededor del 21 de marzo y anuncia la llegada de la primavera. Los persas y los iraníes hacen grandes celebraciones para este evento. Es tan importante para ellos como para nosotros puede ser la navidad y nuestro año nuevo, donde ellos, como nosotros, siempre comenzamos con buenos propósitos. La referencia a 'la mano leprosa, blanca como la nieve de Moisés' es bíblica y también coránica. Se encuentran en el Corán (VII.105,XXVI.32) y en la Biblia, en el éxodo, IV.6. En la poesía Farsi, 'mano' (dast o kaf) puede significar mano o hoja. En cuanto a 'Jesús suspirando desde la tierra' tiene las connotaciones extras de plantas germinando, la naturaleza brotando milagrosamente; gracias al suspiro de Jesús.

5.
Lo que nosotros hemos traducido por el 'jardín de Atlantis', se llama 'Irám' en Farsi y en árabe, y está mencionado en el Corán (IXXIX.6) en conexión con la tribu prehistórica de 'Ad' a quienes Dios destruyó por sus pecados. La leyenda cuenta que Irám fue construida suplantando a este lugar de

pecado pero otros estudiosos colocan a Irám en el desierto de Aden. Los poetas se imaginan una ciudad paradisíaca llena de jardines y palacios que está oculta entre las arenas del desierto. Para Omar Jayam y Fitzgerald, este jardín ya no existe.

En cuanto a Jamshyd o Jamshid, gobernando el mundo con SU COPA, los persas creen que este rey fue el fundador de Persépolis y que tenía una copa en donde en su interior estaban grabadas siete líneas o anillos, representando las siete divisiones del globo terráqueo y de aquí la alusión a Jamshyd con su copa gobernando el mundo y sobre todas las cosas.

10.
Este rubaiyat de Fitzgerald ha presentado numerosas dificultades que exponemos a continuación. En primer lugar, hemos vuelto a tener problemas con la traducción al español conservando los cuatro versos. No debemos de olvidar que las traducciones del inglés al español son, por lo general, siempre más largas. Como ya explicamos en las observaciones sobre los Rubaiyat al principio de este trabajo, se necesitan simplemente de más palabras en castellano para significar la misma cosa. Además de esta dificultad debemos de agregar en este cuarteto, en particular, el contenido; o lo que Fitzgerald quería significar y este rubaiyat presenta un obstáculo extra que es su supuesto o quizá real 'misticismo'. Algunos sufís o místicos del Islam ven los cuartetos de Omar Jayam como místicos y los interpretan como espirituales donde, por ejemplo, el elemento del vino no es vino real pero más bien comunión con el alma y finalmente con dios. Fitzgerald también quiso en su versión de los Rubaiyat darle un aire ascético a la obra de Omar Jayam. En este cuarteto, más corto en inglés, sólo se menciona "una franja de hierba que separa el

desierto de lo cultivado' pero en español hemos agregado el significado ulterior con sus connotaciones ascéticas explicando que esta franja que separa la hierba cultivada del salvaje desierto es la franja perfecta del conocimiento; es decir que el conocimiento real se encuentra en la frontera entre lo natural y lo adquirido o cultivado; siendo así perfectos observadores de la contraposición entre los dos tipos de saber y llegando a esa franja, alcanzamos la verdadera orla del conocimiento. En el libro de nuestra colección titulado: LA VERDAD SOBRE LOS RUBAIYAT, trataremos en más profundidad sobre este aspecto; sobre las verdades ocultas de los Rubaiyat de Omar Jayam, de cómo, a veces, Omar ha sido mal interpretado o desfigurado, de cómo su mensaje ha sido disfrazado a través del paso del tiempo por causas que también explicaremos.

16.
Hay una historia que viene a cuento con referencia a este cuarteto. En La Memoria de Los Amigos (o Recital de los Santos) Farid al Din Attar (célebre poeta y místico persa del siglo XII y XIII) relata que un día el príncipe Abraham Ibn Adham estaba sentado en su trono dando audiencia a sus súbditos y rodeado de sus cortesanos cuando un hombre entró, de repente, y nadie se atrevió a preguntarle quién era porque su presencia era imponente.

- ¿Qué quieres? (Le dijo Abraham.)
- He venido a que me des posada en este caravasar. (Replicó el hombre.)
- Pero esto no es un caravasar. (Dijo Abraham.) Debes de estar loco, esto es mi palacio.
- Y, ¿quién era el dueño de este palacio antes que tú? (Preguntó el hombre extraño.)
- Mi padre.
- Y ¿antes que tu padre?
- El padre de mi padre.
- Y ¿antes del padre de tu padre?
- Pues tal y tal para atrás.
- Y ¿antes que tal y tal para atrás?
- Pues el padre y el padre de tal y tal.
- Y ¿dónde están ahora todos ellos?
- Pues muertos.
- Entonces…(Replicó el hombre extraño)…Esto debe de ser un caravasar, ya que por donde uno sale, otro entra.

La idea, tanto en el cuarteto 16 de Fitzgerald como en esta historia antigua del siglo XII o XIII, es que sea un palacio, sea un caravasar, al fin y al cabo son metáforas de la vida y de la muerte, de la existencia humana donde 'cuando uno entra, otro sale' o 'donde todos nos acabamos marchando por igual'.

17.
En el verso 'donde Jamshyd bebió vino a raudales' merece la pena mencionar una leyenda persa referente a Jamshyd sobre el vino. A él (o su concubina) se le atribuye la leyenda persa del descubrimiento del vino. De acuerdo con esta leyenda persa, el rey Jamshyd echó a una de sus concubinas de su harem y ella casi se suicidó por su repudio. "Casi' porque ella escondiéndose en los almacenes del palacio, encontró un recipiente en donde estaba escrito 'veneno' (que contenía restos de uvas). Aquello parecía imbebible pero, como todos sabemos, aquello era vino producto de la fermentación de la uva. La joven después de beber lo que ella creía que era 'veneno', descubrió los efectos del vino, que de hecho, le levantaron el espíritu y llevándoselo al rey Jamshyd, éste no sólo la perdonó aceptándola de nuevo en su harem, sino que también acabó enamorándose de aquel líquido, de tal manera que decretó que todas las uvas producidas en su reino de Persépolis tenían que ser utilizadas para la producción del vino. Los historiadores ven esta historia como una leyenda pero se ha demostrado por hallazgos arqueológicos que el vino fue conocido, producido y utilizado en Persia antes de la invasión árabe.

44.
Ya hemos mencionado anteriormente en la introducción de este libro que la traducción de Fitzgerald de los rubaiyat de Omar Jayam no es fiel a su original y que, en realidad, antes que 'traducción de Fitzgerald' deberíamos considerarlo

más como 'versión de Fitzgerald'. Esto no es, en ningún momento, una crítica del trabajo de Fitzgerald y muy al contrario su versión es no sólo única sino de una belleza insuperable. Debemos reiterar que no existe en el idioma inglés una versión tan amada, tan leída y tan excelente, ya que además Fitzgerald fue capaz de transmitir 'perfectamente' el mensaje real de Omar. Lo que nos ha ocurrido con este cuarteto en particular es que nos hemos visto obligados a utilizar el farsi en su idioma original y traducir desde este idioma al español porque el de Fitzgerald no tiene sentido con la cultura española, mientras que en Farsi al traducirlo al español sí lo tiene. De todo esto trataremos en profundidad en el libro de nuestra colección titulado: LA VERDAD SOBRE LOS RUBAIYAT.

ULTILOGO

Hemos basado este segundo libro de la colección, LA VERDAD SOBRE LOS RUBAIYAT, en la primera traducción o versión original de 1859 de Fitzgerald de los Rubaiyat de Omar Jayam. La razón primordial de este trabajo se debe a la importancia de esta obra de Fitzgerald, que abrió al mundo el conocimiento de los Rubaiyat y de su autor Omar Jayam (1048-1131). Omar Jayam (el autor original de los Rubaiyat) era hasta entonces ignoto en el mundo occidental. Se sabía que había sido matemático, astrónomo, poeta, filósofo y gran profesor pero su faceta poética era desconocida en Europa y América. Fitzgerald no estando muy conforme con sus traducciones o versiones, dio cuatro versiones diferentes de los Rubaiyat y la quinta de 1889 apareció póstuma.

Siempre se ha dicho que fue Jorge Guillermo Borges el primero en traducir los Rubaiyat de Fitzgerald al castellano pero su traducción impresa fue, por lo menos, la tercera, porque antes de él, existió una primera traducción que apareció en Madrid en 1907 (sin firma) en la revista Renacimiento y una segunda en 1914 por Carlos Muzio Sáenz Peña. Lo que sí hizo Borges, por primera vez, fue traducir los cuartetos de Fitzgerald siguiendo idénticas reglas métricas. Fitzgerald tradujo los Rubaiyat de Omar Jayam siguiendo el esquema de AABA y con versos decasílabos acentuados en la última sílaba. Borges alternó endecasílabos paroxítonos (acentuados en la penúltima sílaba) con decasílabos oxítonos (acentuados en la última sílaba –lo cual los convierte en endecasílabos.) De esta manera todos los versos de Borges se computan como endecasílabos.

No podemos olvidar que Borges tradujo a Fitzgerald y que Fitzgerald tradujo a su vez a Omar Jayam pero no conociendo el idioma Farsi en el que originalmente fueron escritos. En otras palabras, estamos tratando aquí de que la fuente de inspiración fue Omar Jayam con sus rubaiyat pero que tanto Fitzgerald como Borges se recrearon en esa fuente para crear sus propios versos. De la misma forma Mar Escribano sirviéndose del original de Fitzgerald ha creado su propia cosecha en este segundo libro, mientras que en el primer libro de esta colección, la traducción se hace directamente del Farsi al castellano.

De todas formas nunca se puede hacer una traducción perfecta de un original en poesía a cualquier otro idioma; como el mismo Borges sostuvo sobre las traducciones poéticas:

"El poema depende no sólo del sentido abstracto de las palabras, sino también de su connotación mágica, por decirlo de otra manera. Tenemos, por ejemplo, el caso de los Rubaiyat de Omar Jayam traducidos por Fitzgerald. Esa obra, debido a la excelente traducción, pasa a ser un admirable poema inglés del siglo XIX, y no un admirable poema persa del siglo XI."

Borges además agrega que para traducir bien la poesía, uno debe de ser también poeta.

En consecuencia, uno hace lo que puede y el resultado final depende no sólo de ser buen traductor sino también gran poeta o en este caso, poetisa, ya que es mujer la que ha provocado esta poesía. Y con esto acabamos o, como dicen los persas:

TAMUN SHOD
SE ACABÓ.

Made in the USA
Columbia, SC
05 June 2017